W9-BPP-422

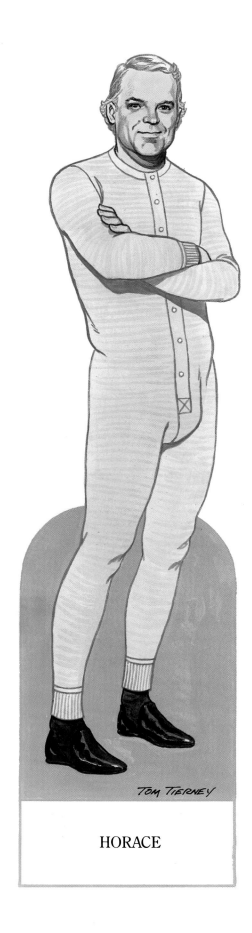

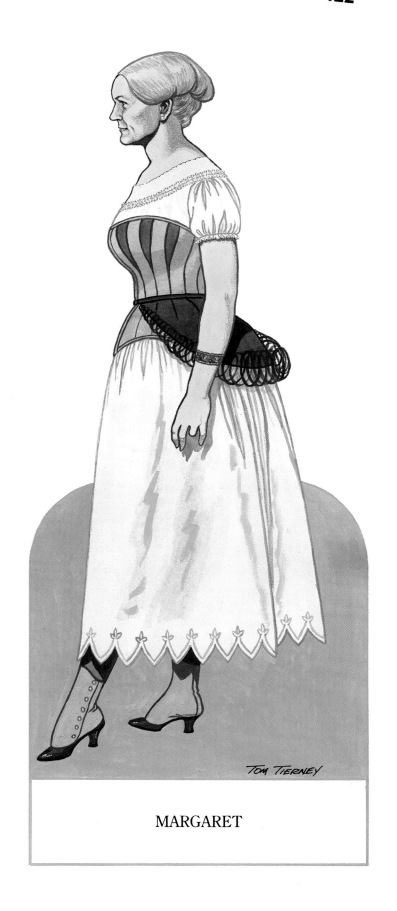

HORACE

MARGARET

PLATE 1

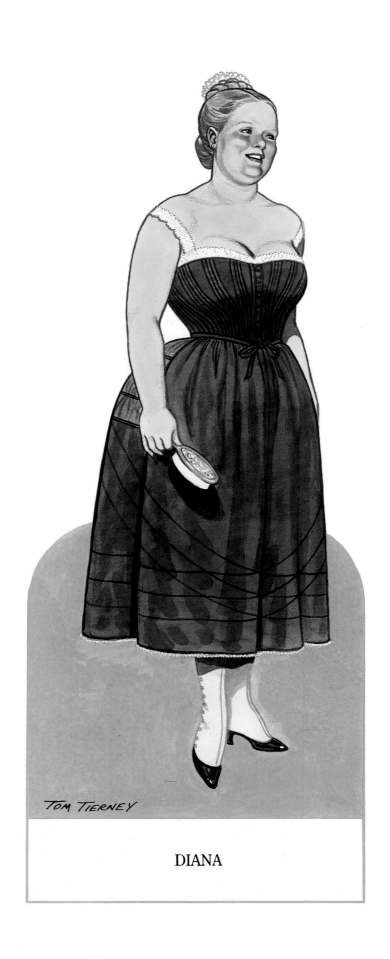

DIANA

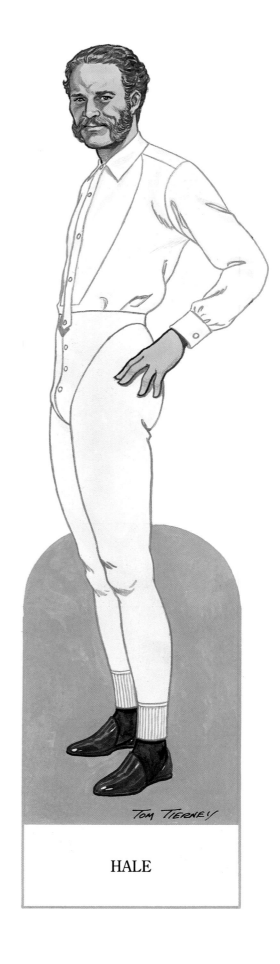

HALE

PLATE 2

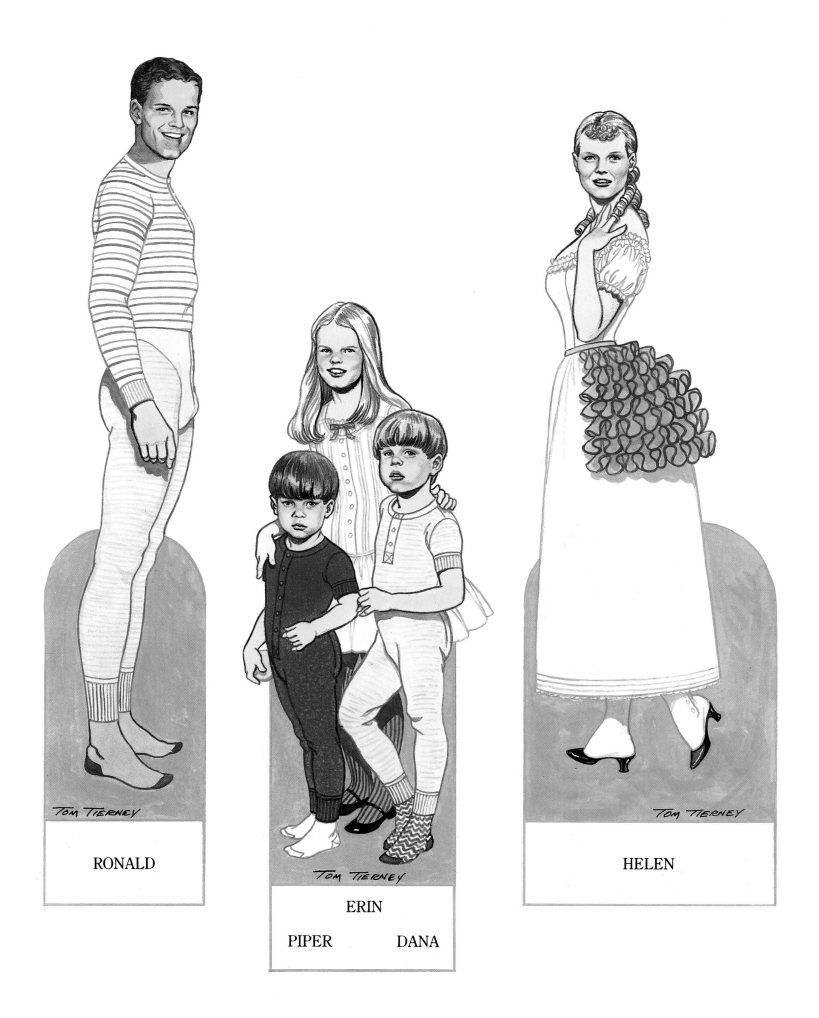

RONALD

ERIN

PIPER   DANA

HELEN

PLATE 3

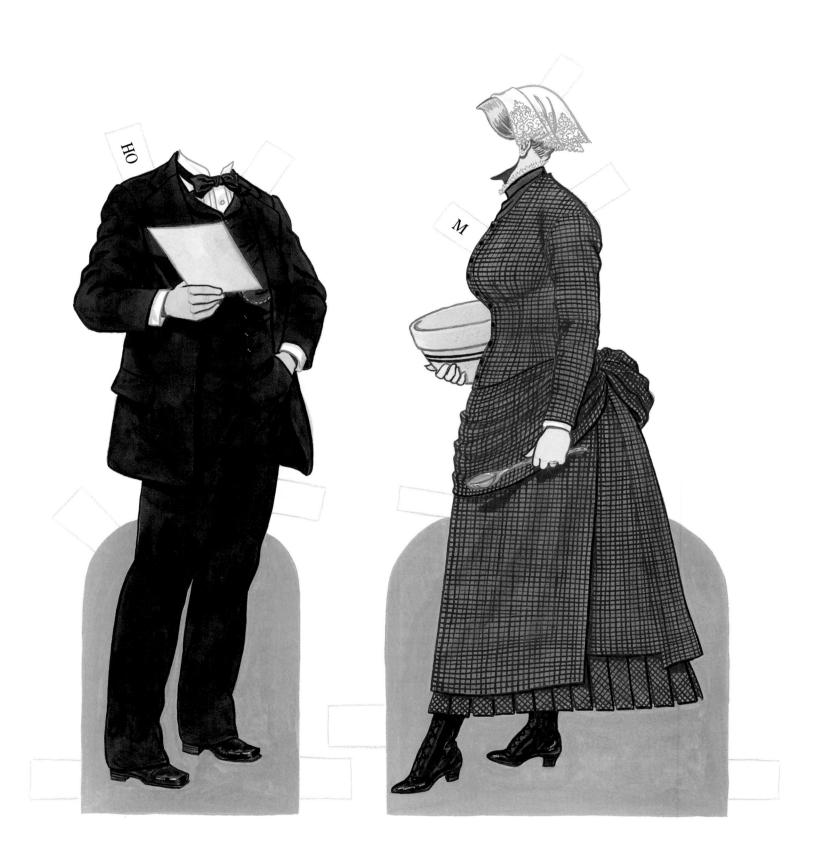

PLATE 4

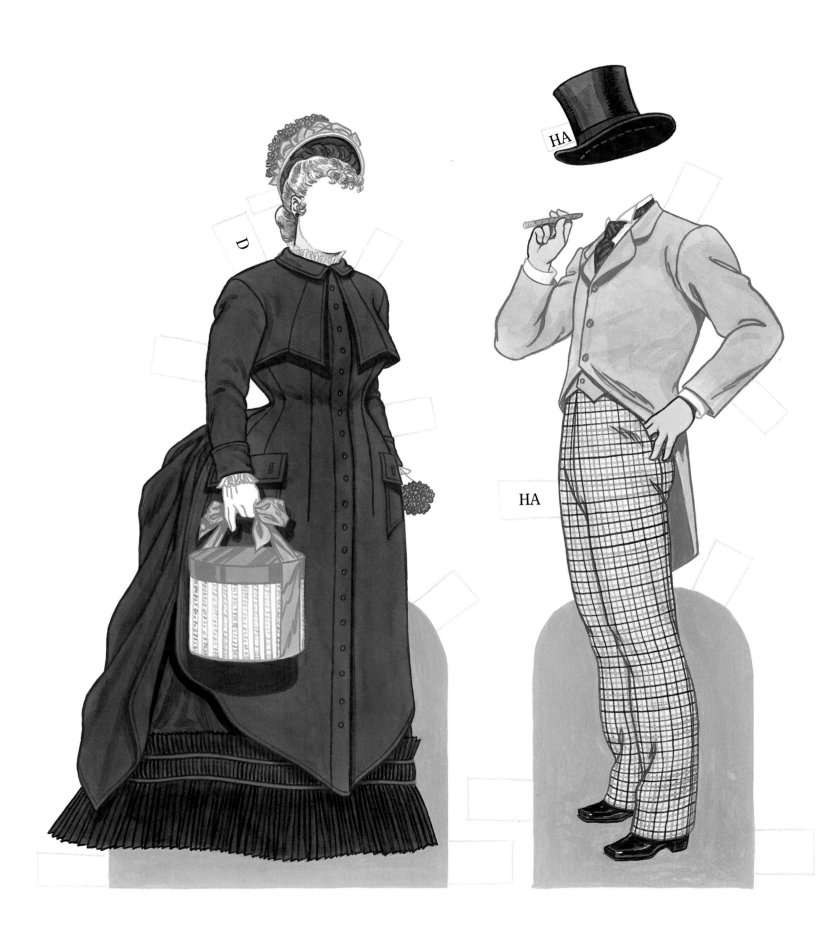

D

HA

HA

PLATE 5

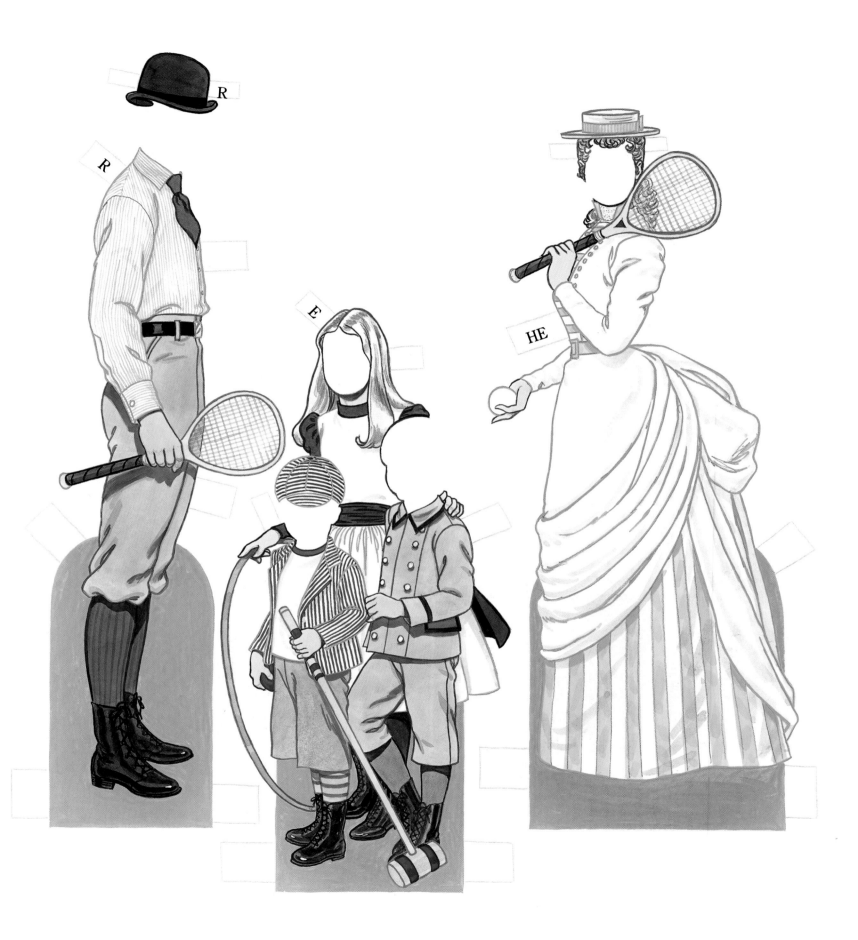

PLATE 6

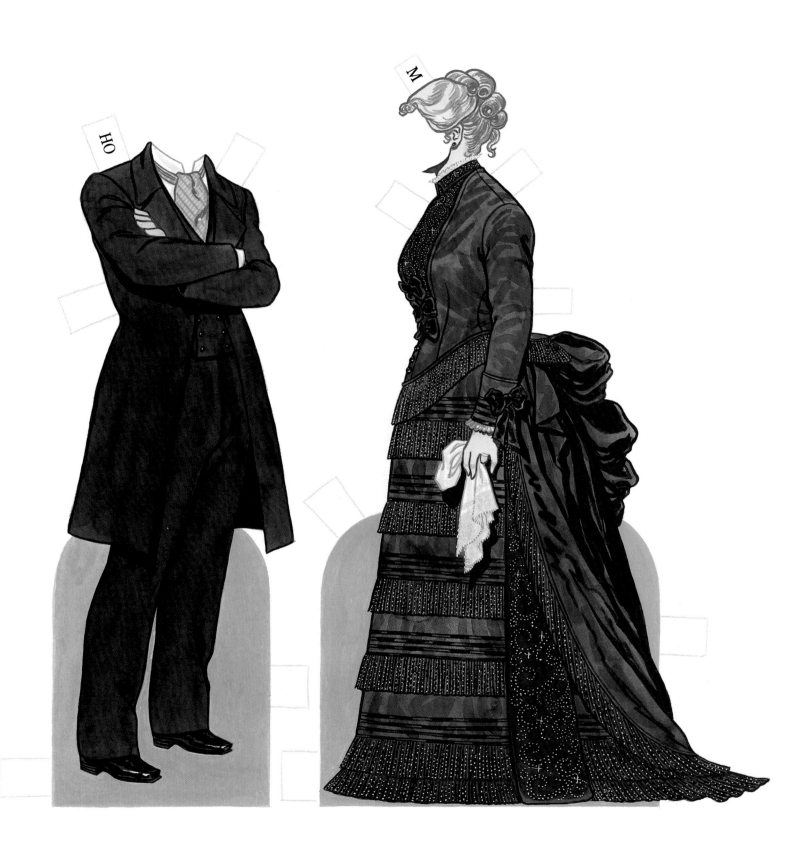

PLATE 7

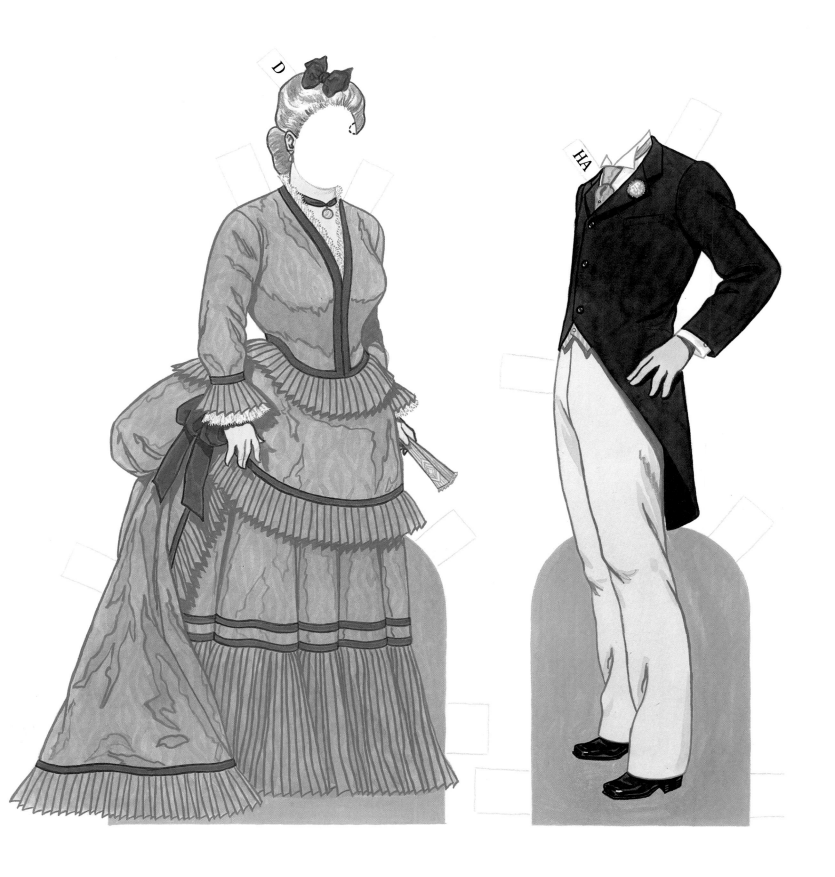

PLATE 8

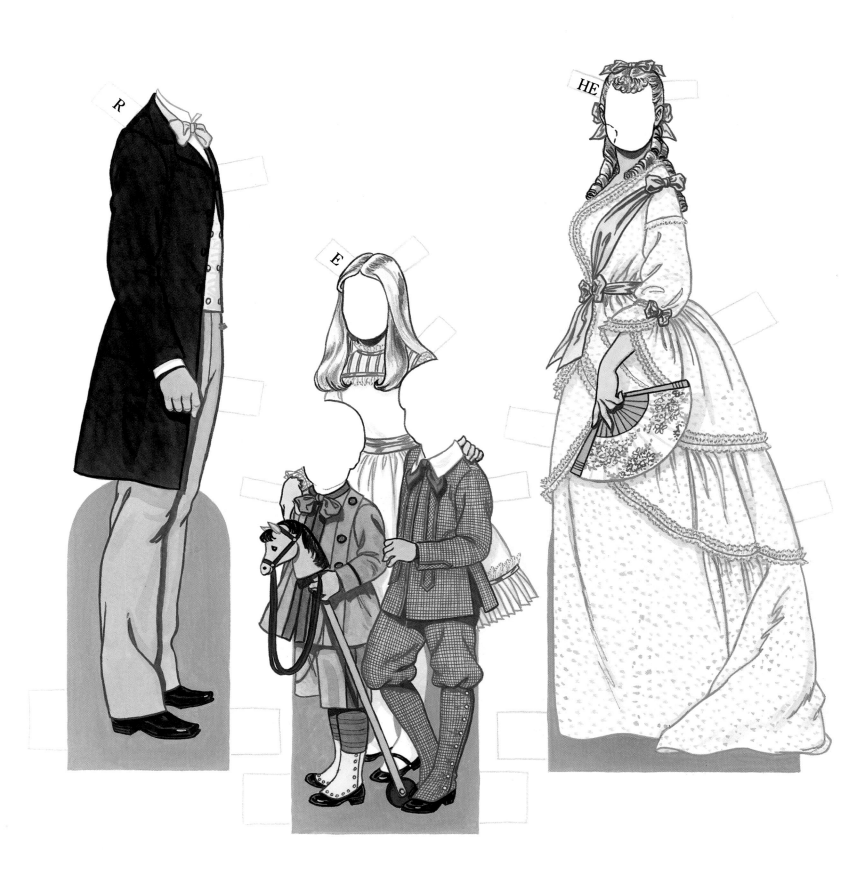

PLATE 9

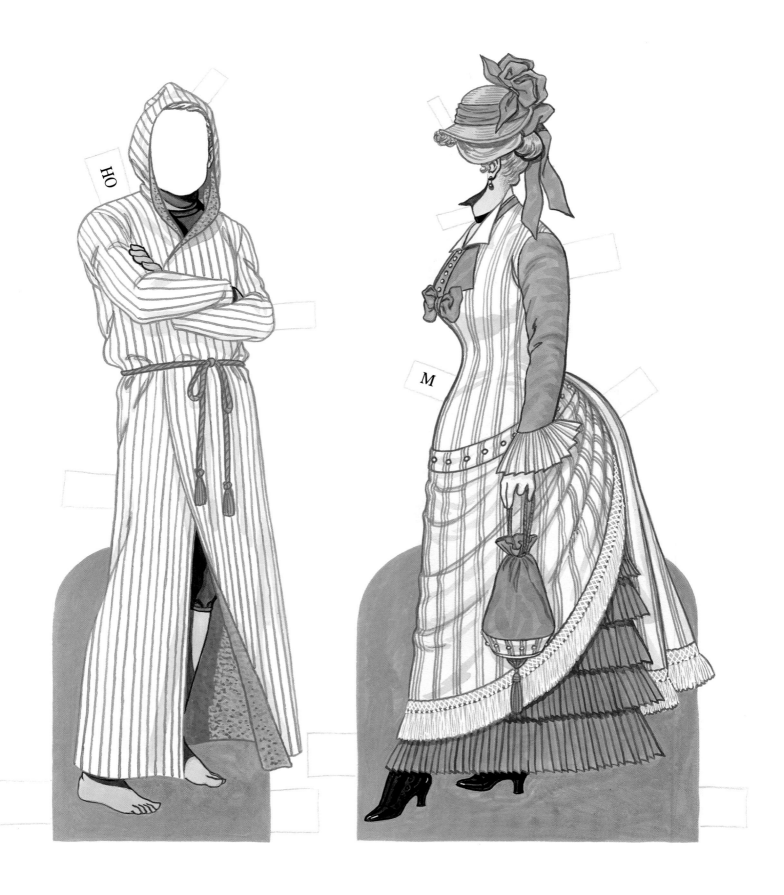

OH

M

PLATE 10

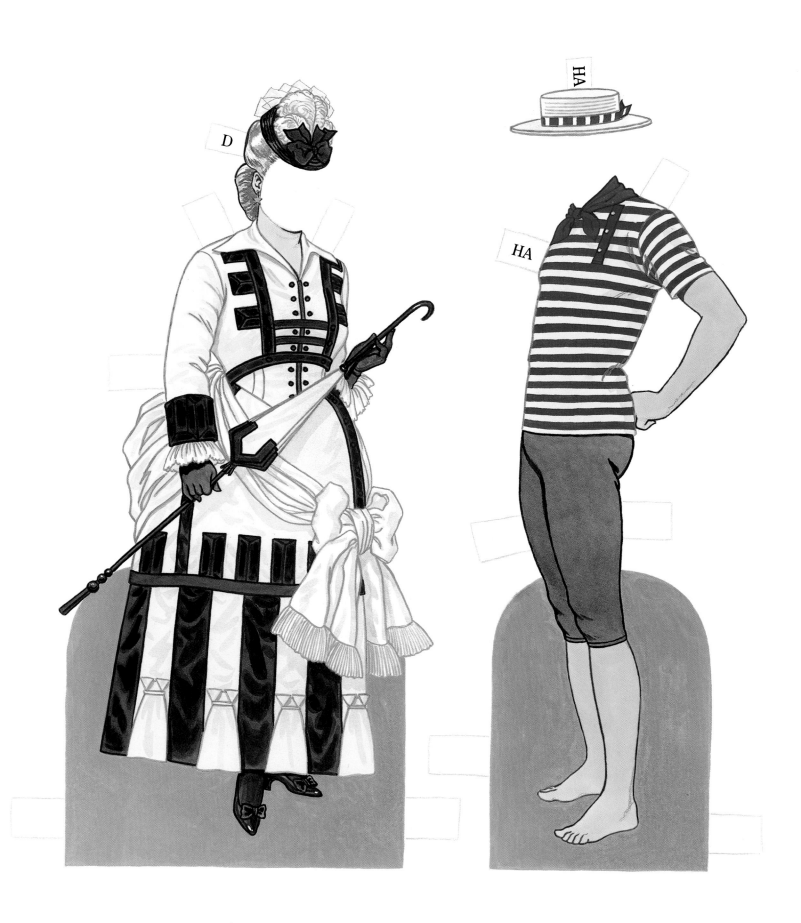

D

HA

HA

PLATE 11

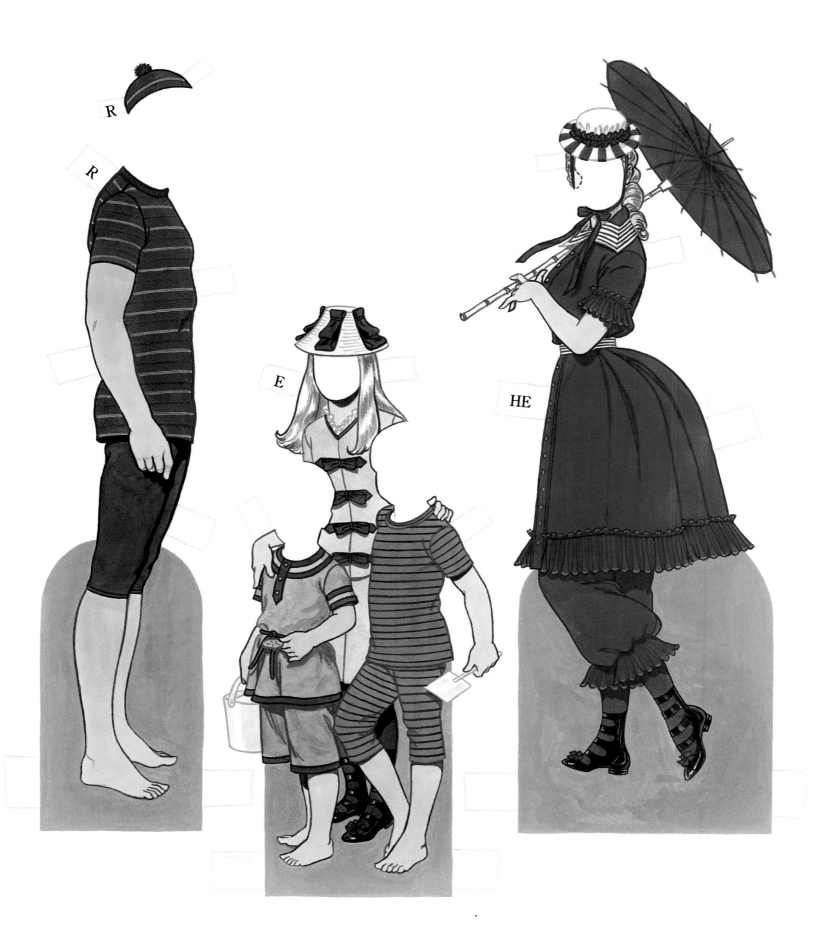

PLATE 12

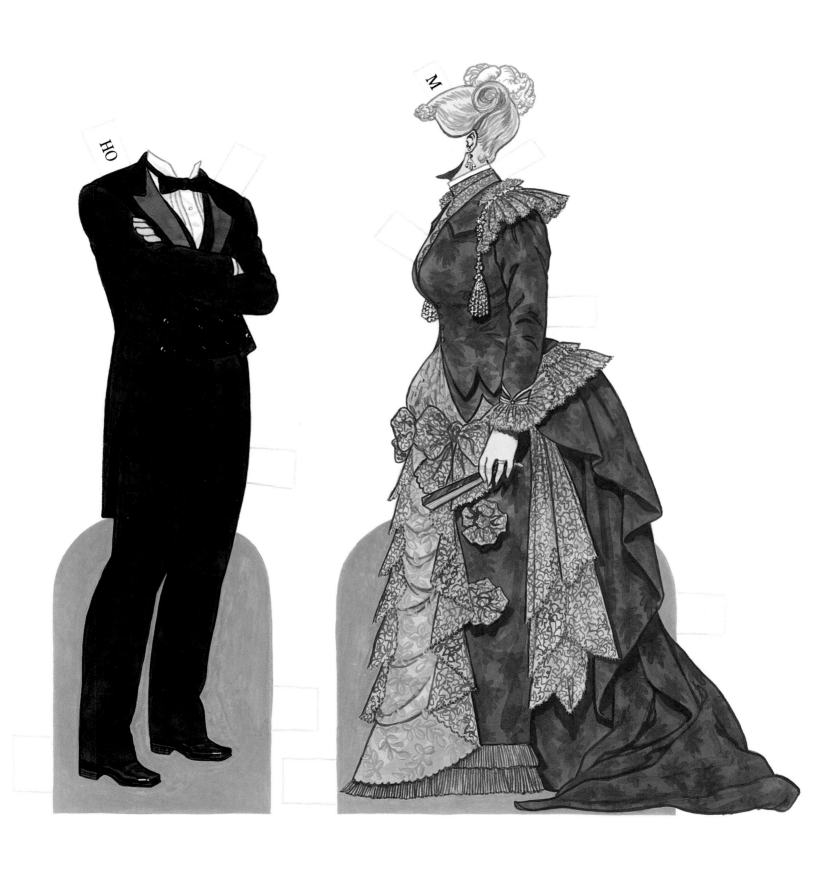

PLATE 13

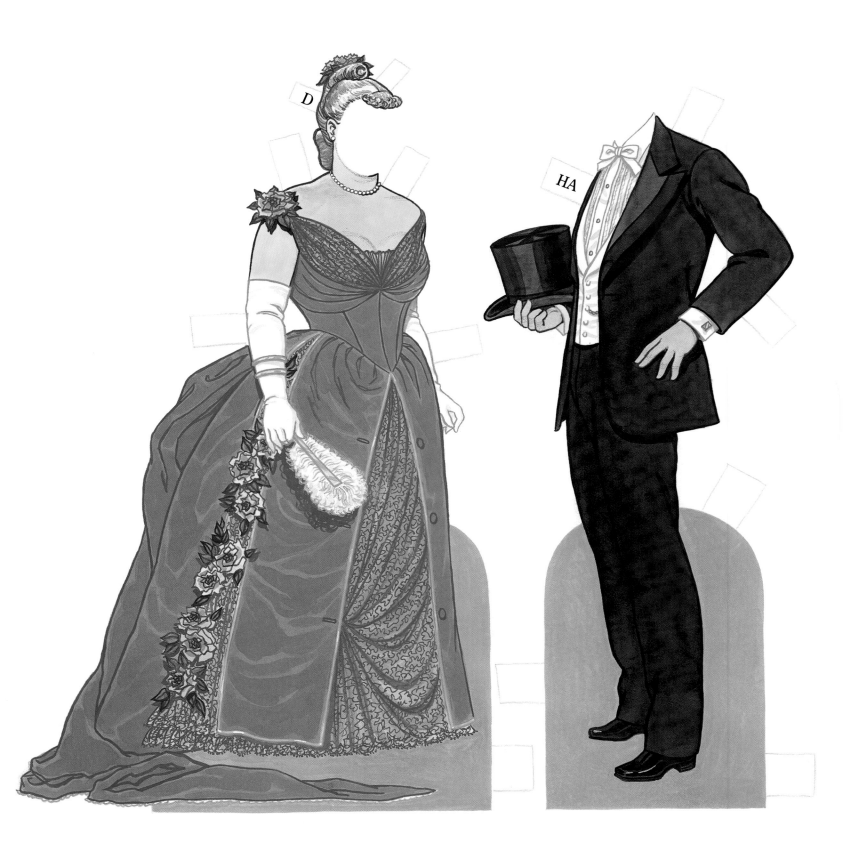

PLATE 14

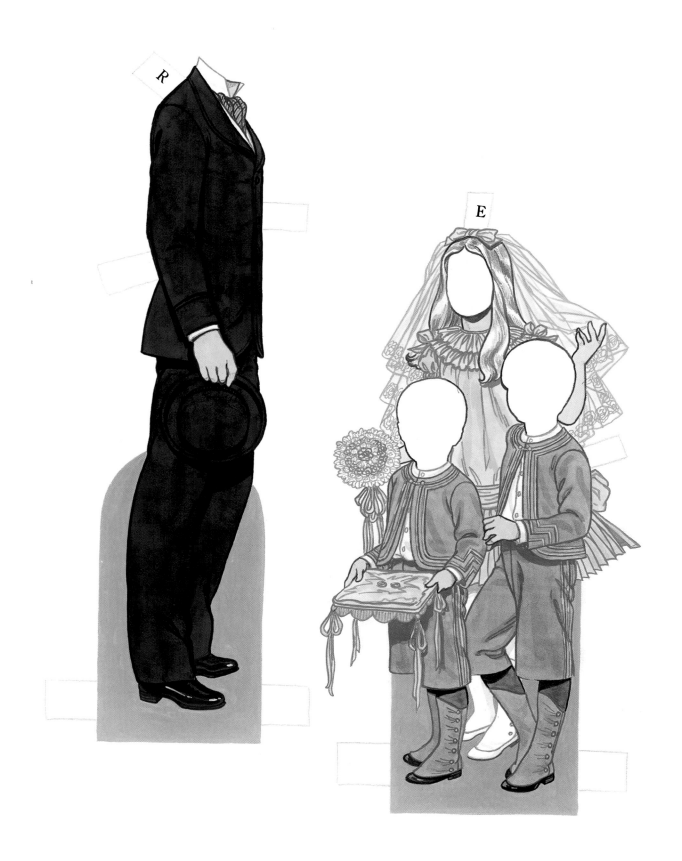

PLATE 15

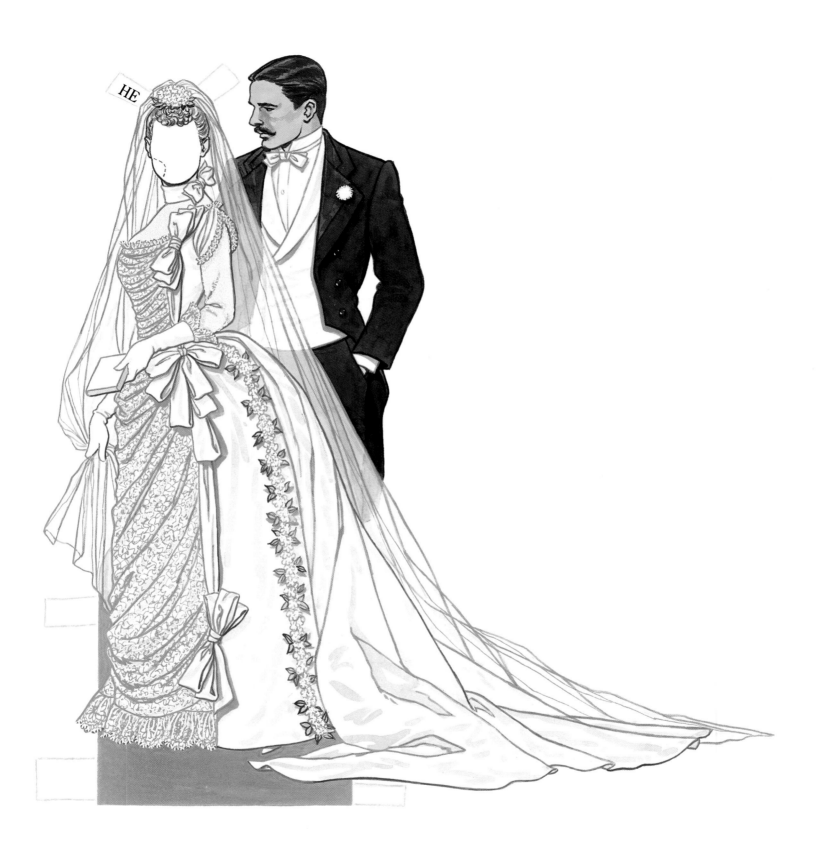

HE

PLATE 16